Ricky Roogle

AF218896

Cartoons und Witze

für **Am@ng**.us Fans

KEIN OFFIZIELLES INNERSLOTH-PRODUKT. NICHT VON INNERSLOTH GENEHMIGT ODER MIT INNERSLOTH VERBUNDEN.

Bibliografische Information der Deutschen Nationalbibliothek:
Die Deutsche Nationalbibliothek verzeichnet diese Publikation in der
Deutschen Nationalbibliografie; detaillierte bibliografische Daten sind
im Internet über http://dnb.dnb.de abrufbar.

© 2021 Ricky Roogle; 1. Auflage

Covergrafik, Texte & Illustrationen © 2021 Ricky Roogle
Kontakt Autor: ricky.roogle@t-online.de

Herstellung und Verlag: BoD – Books on Demand, Norderstedt

ISBN: 9783752657616

Crewaffe
Du kannst mich nicht im Schacht gesehen haben

Bommel
Doch habe ich

Crewaffe
Ich bin in den Schacht gegangen als keiner da war!

Wie ich mich fühle, wenn ich derjenige war, der von Anfang an gesagt hat wer der Impostor ist und Recht hatte.

„Ich bin Gott."

Kopfschmerzarten

Migräne

Hypertension

Stress

Deine Mitspieler glauben dem Impostor mehr als dir

Impostor umzingelt

Es ist ein Impostor unter uns.

Jesus war kein Impostor.
1 Impostor verbleibt.

Pflegeanleitung für ein Mini Crewmate

WIE GAMER SCHLAFEN

PUBG
GAMER

FIFA
GAMER

MINECRAFT
GAMER

AMONG US
GAMER

„Wirst du jemals erwachsen werden und aufhören Among us zu spielen?"

nein

Grundbedürfnisse des Menschen

Selbstverwirklichung
(Kreativität, Problemlösungen,
Spontanität, Authentizität)

Wertschätzung
(Selbstvertrauen, Zuversicht, Erfolg)

Soziale Bedürfnisse
(Freunde, Familie)

Grundbedürfnisse zum Leben
(Luft, Wasser, Essen, Schutz)

Among us spielen

Immer fragen alle nur „Wo ist der Impostor?"

Aber niemand fragt „Wie geht es dem Impostor?"

Mini Crewmates während der Notfallsitzungen

12 jährige von heute

Der Augenblick wenn du gerade eine Aufgabe erledigst und du bemerkst wie sich das Lüftungsschott hinter dir öffnen

Du weißt du bist ein echter Among us Fan, wenn du ‚The Skeld‘ besser kennst als deine Umgebung.

Und hier die Hintergründe des Gewalttodes von Bob:

Wegweiser entdeckt auf Polus:

Noobs in Among Us:

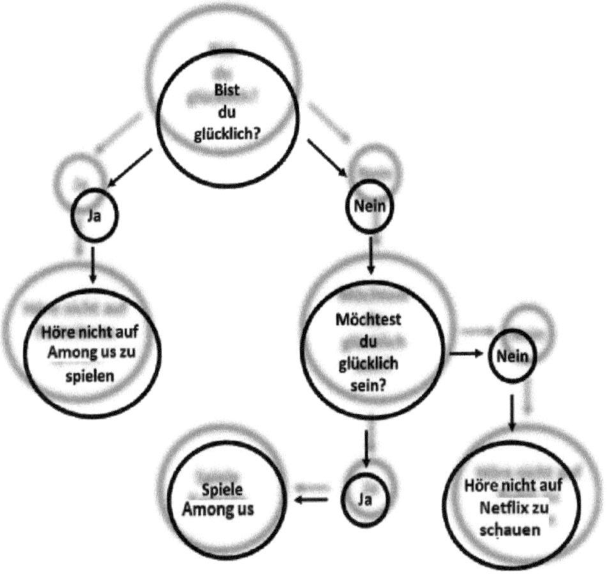

Bist du glücklich?

- **Ja** → Höre nicht auf Among us zu spielen
- **Nein** → Möchtest du glücklich sein?
  - **Ja** → Spiele Among us
  - **Nein** → Höre nicht auf Netflix zu schauen

Ein totes Crewmitglied wurde gefunden und du wirst beschuldigt.		panisch
Du erledigst eine Aufgabe und ein anderes Crewmitglied schaut dir zu.		wieder ruhig
Das Crewmitglied welches dir zugeschaut hatte, ist nun tot.		panisch

Chatten zwei Among us Spieler während der Session. Fragt der eine: „Weißt du den Wievielten wir heute haben?"

Antwortet der andere:

„Schau doch in der Zeitung nach." Darauf wieder der Erste:

„Das bringt nichts, die ist von gestern."

MEGA KILL!

Ich:

Meine Mutter während ich gerade Among us spiele ...

Kannst du kurz auf Pause drücken?

Meine Wifi-Verbindung

Wenn ich sie nicht brauche

Wenn ich etwas in Google suche

Wenn ich Netflix schaue

Wenn ich Among us spielen möchte

Ich bin gerade gestorben und der Typ den ich vorher herausgewählt hatte:

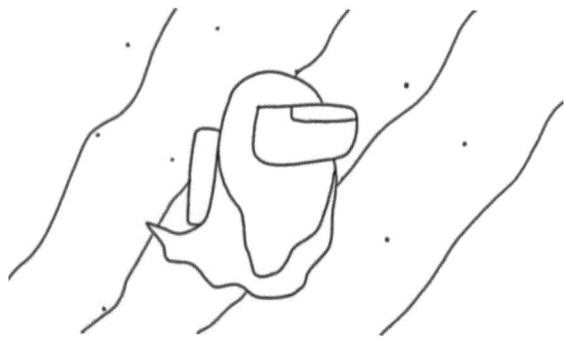

„Willkommen im Schattenreich, Dummbatz!"

Die Hand und ihre Bedeutung

Allgemein

Among us PC-Gamer

Sagt ein Among us Spieler:

„Ich habe 7 Hobbies: A M O N G U S "

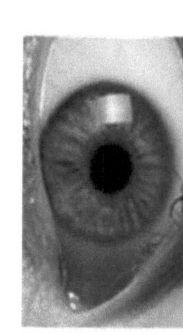

Die Pupille des Auges kann sich um bis zu 56% vergrößern, wenn man etwas sieht, was man liebt.

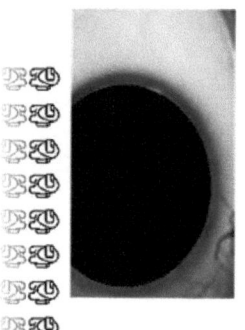

Das Crewmitglied das du gevotet hast, war tatsächlich der Impostor und schwebt nach der Entsorgung im Weltall umher.

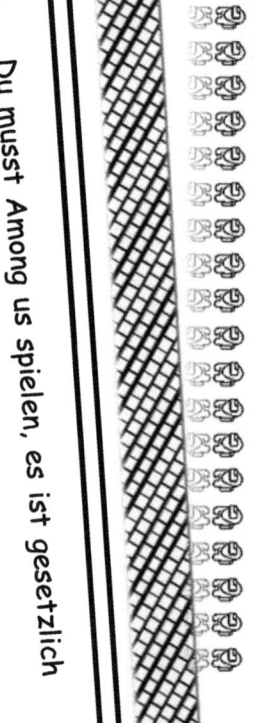

Du musst Among us spielen, es ist gesetzlich vorgeschrieben! §

Ich

„Wer ist der Impostor?"

Meine Crewmitglieder

Frage: **Welche Rolle spielt Chuck Norris in Among us?**
Antwort: Er ist der vierte Impostor.

Wie echte Among us Fans Silvester verbringen:

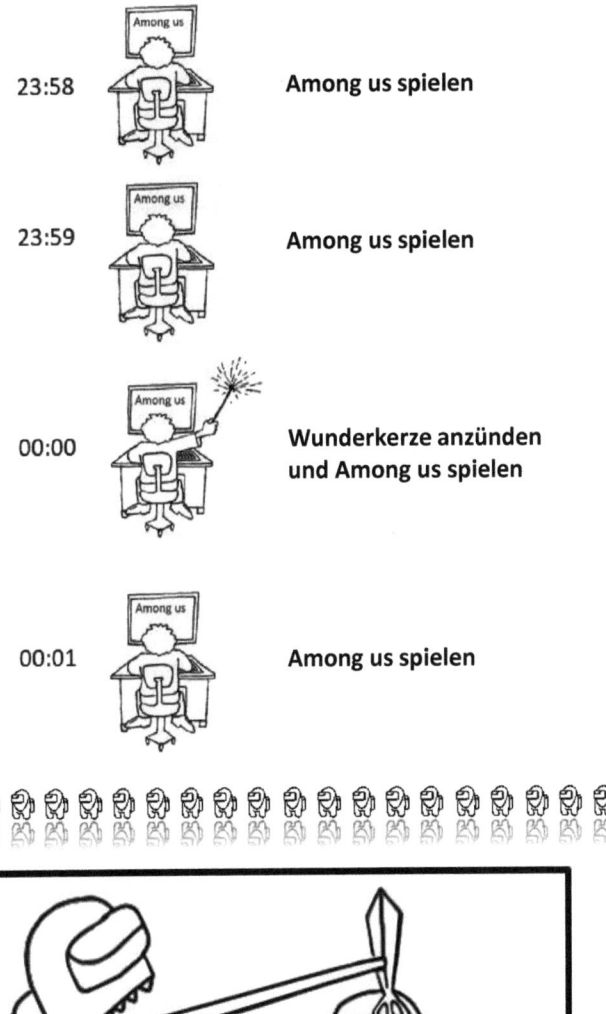

23:58   Among us spielen

23:59   Among us spielen

00:00   **Wunderkerze anzünden und Among us spielen**

00:01   Among us spielen

Typischer Tagesablauf eines Among us Spielers:

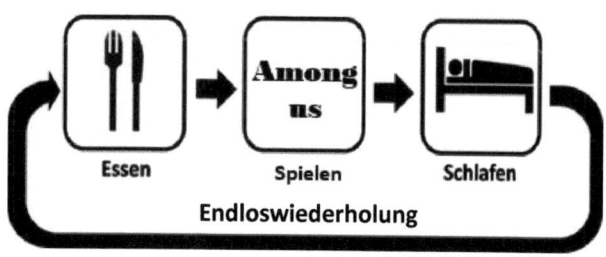

Essen   Spielen   Schlafen

Endloswiederholung

Wie man ein Crewmitglied aus der Fassung bringt

Du Blödmann

Du Vollpfosten

Du Idiot

Du Nichtskönner

Du Dummkopf

Du Impostor!

Kennst du auch dieses seltsame Gefühl, gerade mit dem Spielen begonnen zu haben und nun plötzlich der Morgen dämmert?

Die verschiedenen Kopfschmerztypen

Migräne

Bluthochdruck

Stress

Eine Aufgabe in Electrical erledigen

Frau und Mann liegen nebeneinander im Bett.
Sie denkt: „Er denkt jetzt sicher gerade an eine
andere."

Er träumend:

SIE: „SCHATZ, WOLLEN WIR DEN VALENTINS TAG IRGENDWO IM GRÜNEN VERBRINGEN?"

ICH: „NATÜRLICH MEIN LIEBLING.." MIT MEINEM ZEIGEFINGER AUF DIE MIRA HQ MAP ZEIGEND „IM GREENHOUSE."

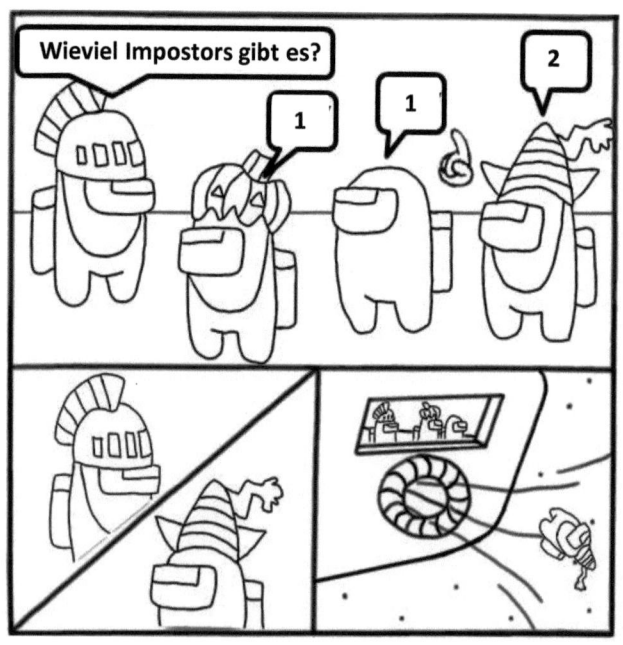

Mein Puls

Im Ruhezustand:

Beim Sport machen:

Wenn ich der Impostor
in Among us bin:

Mädchen

Es ist unglaublich, er hat bei
diesem traurigen Film
überhaupt nicht geweint

Vielleicht ist er unfähig
etwas zu fühlen?

Jungs

Papa, warum heißt meine Schwester eigentlich Rose?

Weil deine Mutter Rosen mag.

Danke Papa.

Kein Problem, Among us.

Erklärung der Bundesregierung

„Wir werden die Obdachlosen bis 2026 halbiert haben."

Obdachlose in 2026:

Neulich beim Psychologen

Wo es am meisten wehtut

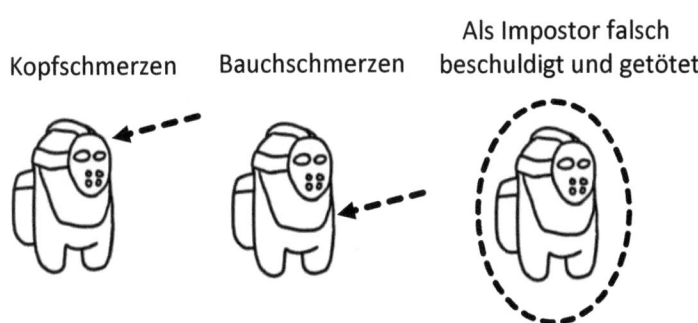

Wenn du der einzige in der Crew bist, der Geld für ein Kostüm ausgibt.

Wenn du gefühlt etwa 50 Mal Among us gespielt hast, ohne ein einziges Mal der Impostor gewesen zu sein.

Mann   **Frau**

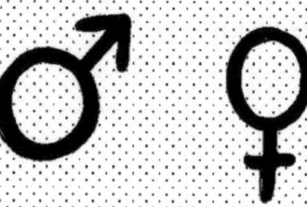

Among us Gamer

Papa, gewinnst du?
Papa?

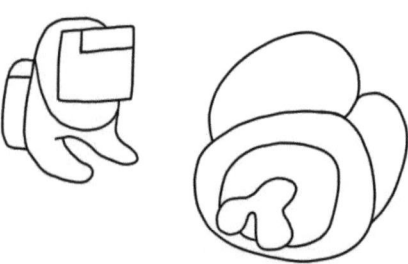

WTF

DRAUSSEN BLEIBEN!

GAMER BEI DER
★ ARBEIT ★

Crewmitglieder killen
Impostor überführen
Aufgaben erledigen
Voten
Fake Tasks machen

Essen und Trinken vor der Tür
abstellen, dann weggehen

EINTRITT AUF EIGENES RISIKO

Umfrage unter jungen Menschen zwischen 10 und 35 Jahre	
Was ist dir wichtiger	
der/die Bundeskanzler/in sein	24% (96.015 Stimmen)
in Among us gewinnen	76% (303.985 Stimmen)

Wenn du einer der letzten drei Spieler bist
Und als Impostor herausgewählt wurdest

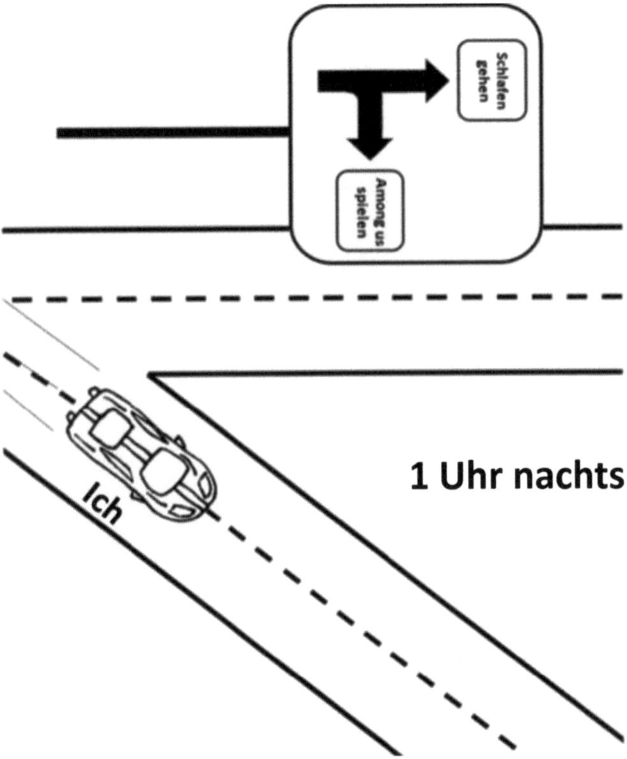

Schlafen gehen

Among us spielen

Ich

1 Uhr nachts

Wenn dein Kumpel das Spiel gewinnt...

und er dich als Impostor getötet hat...

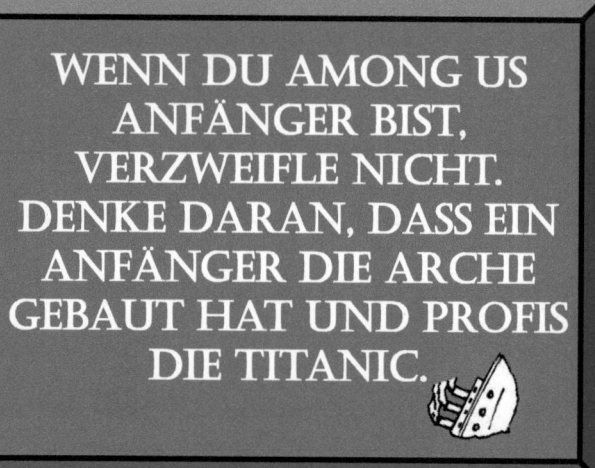

WENN DU AMONG US
ANFÄNGER BIST,
VERZWEIFLE NICHT.
DENKE DARAN, DASS EIN
ANFÄNGER DIE ARCHE
GEBAUT HAT UND PROFIS
DIE TITANIC.

Meine Liste mit gewonnenen Among us Spielen:

Zwei Newbies sprechen in Among us. Der eine schaut sich um und fragt:

„Kennst du den Weg zu MedBay?", antwortet der andere:

„Keine Ahnung, bin auch nicht von hier."

Was es geben sollte:

Wenn du im Pool plötzlich auf eine warme Stelle triffst

Sehr verdächtig, Kumpel

Röntgenbild eines Crewmitglieds:

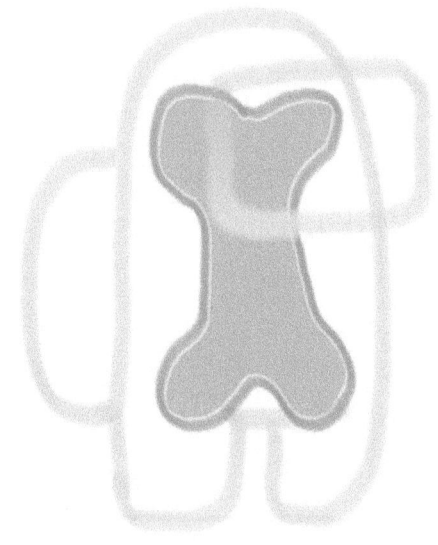

Das perfekte Weihnachten

Für mich:

Kennst du das?
Diese Zeit in der du nicht Among us spielst?

Und du nicht weißt, was du
jetzt mit deinem Leben
anstellen sollst?

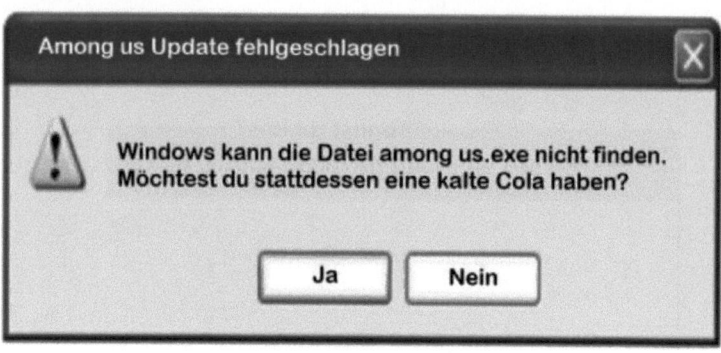

Among us Update fehlgeschlagen

⚠ Windows kann die Datei among us.exe nicht finden. Möchtest du stattdessen eine kalte Cola haben?

Ja **Nein**

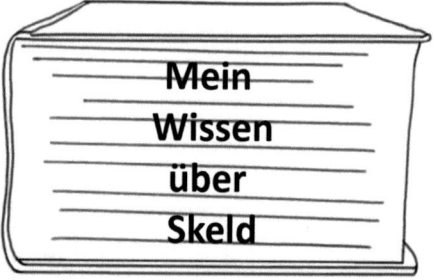

Mein Wissen über Skeld

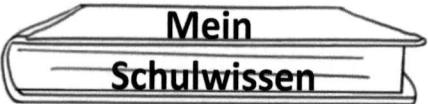

Mein Schulwissen

Neues Passwort

> Grün verschwand im Lüftungsschacht
> und alle haben es gesehen

Schwach

Neues Passwort

> Weiß nicht, denke Blau ist irgendwie
> verdächtig

Stark

Kackpott
Jesus muss für unsere Sünden sterben

Jesus
Was, ich?

 Ivan has voted. 6 remaining

 Pupskopf has voted. 5 remaining

 Trulli has voted. 4 remaining

 Pizza King has voted. 3 remaining

 SchulLOL has voted. 2 remaining

●●●

Peter zu seinem Vater, bevor er zur Among us LAN Party zu seinem Freund geht:

„Und Papa, wann soll ich wieder zuhause sein?"

„Um zehn."

„Ok, soll ich Brötchen mitbringen?"

Der Impostor hat dich getötet		panisch
Du spielst nicht Among us		ruhig
Du spielst nicht Among us		panisch

Ich

Warum folgst du mir Weiß?

Mr. Weiß

Zusammen sind wir ein Zebra

Woran erkennt man einen Among us Spieler?

An den roten Augen.

Wenn du gleich zu Spielbeginn als Impostor herausgewählt wurdest... du aber gar keiner warst

Wenn du stirbst	Und du in den Himmel möchtest

Aber Gott dir sagt: „Erledige erst deine Aufgaben!"

Wie kann ein Among us Spieler 8 Tage am Stück Among us spielen, ohne zu schlafen?

Er schläft in der Nacht.

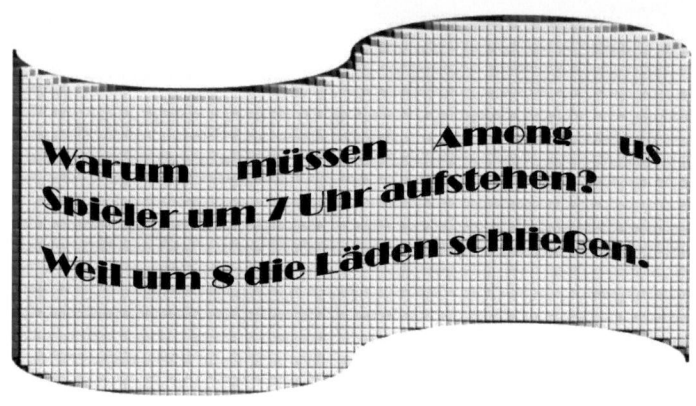

Warum müssen Among us Spieler um 7 Uhr aufstehen?
Weil um 8 die Läden schließen.

Der große AMONGUS

Meine Freunde meinen, ich sei süchtig nach Among us.
Aber dabei achte ich immer auf eine ausgewogene Zeiteinteilung nach Wichtigkeit.

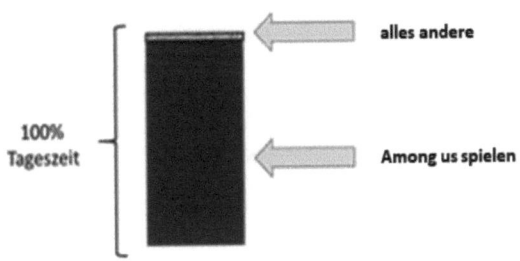

Die gruseligsten Dinge der Welt

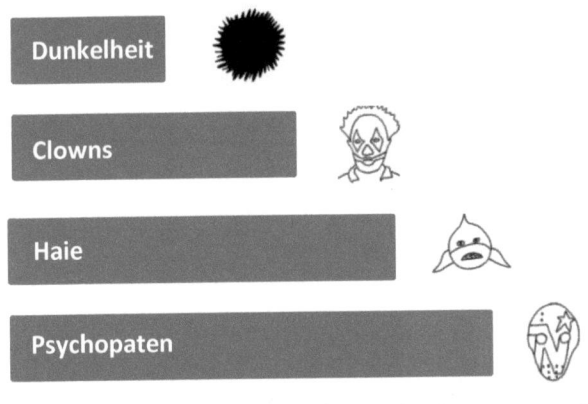

Treffen sich zwei Among us Spieler nach dem

Wochenende, fragt der eine:

„Und wie war dein Wochenende?"

Antwortet der andere:

„Hell, dunkel, hell, dunkel, Montag!"

Ein junges Mädchen steht deprimiert am Parfümeriestand des Kaufhauses und sagt zur Verkäuferin: „Haben sie etwas das nach Among us riecht?"

Wenn das Spiel beginnt und du bist der Impostor

Ich weiß nicht wer oder was ich eigentlich bin...

Ich weiß auch nicht wo genau ich eigentlich bin...

Aber eins weiß ich, ich muss töten!!!

Mr. Mister

Wir haben gesehen wie du Grün gekillt hast

Jabber

Nein, ich habe Blau gekillt

Ich: Räume das saubere Geschirr in den Schrank
Meine Mutter: Findet eine Untertasse bei den Tellern

Hat euch das Buch gefallen, dann würde ich mich über eine positive Bewertung freuen.